그대로
괜찮은
너에게

그대로 괜찮은 너에게

글. 필신부 / 그림. 무뭄뭉

독자에게

저는 가톨릭 신부입니다. 가톨릭에서는 인간이 하느님께 받은 가장 큰 선물을 '자유'라고 합니다. 하지만 하느님께서 주신 선물을 제대로 누리는 사람은 많지 않습니다.

매일 고해소에서 교우분들의 죄 고백을 듣다 보면, 안타까운 마음이 들 때가 있습니다. 우리 교우분들 중에는 마음이 여리고 착하신 분이 참으로 많습니다. 그래서인지 제가 보기엔 당신 잘못이 아닌 것 같은 일도 당신 탓을 하며 아파하시는 경우를 자주 보게 됩니다.

물론 하느님을 사랑하기에 그분 마음을 아프게

했다는 죄책감에 마음이 무거운 것이겠지요. 하지만 저는 그러한 와중에도 우리 교우분들이 본인의 '죄'보다 우리를 향한 하느님의 '사랑'과 '자비'를 자주 바라보셨으면 좋겠습니다. 있는 그대로 아름다운 여러분의 모습을 바라볼 수 있으면 좋겠습니다. 이것이 제가 이 책을 쓰게 된 동기입니다.

하느님은 우리가 '죄인'으로 살길 바라지 않습니다. 그분은 우리가 '자유인'으로 살길 바라며, 이 세상이 죄인을 가두는 '감옥'이 아니라 자유인들이 모여 사는 '하늘나라'이길 원하십니다.

저는 이 책을 통해 제가 누리고 있는 '자유'에 대해 말씀드리고자 합니다. 특히, 이제 막 직장생활을 시작한 사회 초년생분들과 삶에 지친 사십 대 분들에게 위로와 격려의 마음을 전하고자 합니다.

또한, 제 글은 그리스도교 신자만을 대상으로 하지 않습니다. 저의 글이 이곳 아름다운 별에서 함께 살아가는 벗님들에게 살짜쿵 다가갔으면 좋겠습니다. 따라서 종교적 용어의 사용을 최대한 피하고 가감 없이 솔직하게 날 것의 일상 언어로 '자유'를 향한 제 여정을 소개하겠습니다.

저는 서른두 살의 늦은 나이에 신학교에 입학하여 서른아홉에 신부가 되었고, 이제 막 사십 대가 되었습니다. 신학교에 입학하기 전, 일반 대학을 졸업했고 짧지만 몇 년간 직장생활도 하였지요. 제 글에 나오는 직장 관련 이야기는 사제가 되기 전의 체험임을 미리 밝힙니다.

저는 페이지를 채우려고 질질 끄는 책, 너무 자세히 설명하는 책, 지나치게 독자를 가르치려 드는 책을 좋아하지 않습니다.

따라서 독자분들이 보기에 제 글이 친절하지 않게 느껴질 수도 있습니다. 하지만 그러한 위험에도 저는 최대한 짧고 간단하게 글을 쓰고자 합니다. 독자분들은 이미 충분히 지성적이기 때문입니다.

각 챕터를 순서대로 읽으실 필요도 없습니다. 그저 목차를 보고 끌리는 부분이 있다면, 펼쳐 읽으시고 읽다가 아니다 싶으면 덮으시거나 다른 부분을 읽으시면 좋겠습니다.

저의 글이 많은 분에게 읽히길 바라는 마음이 없지 않지만, 그보다 한 분의 독자라도 제 글을 읽고 '있는 그대로의 자신'을 조금이라도 사랑하게 된다면 저에게 무척 큰 기쁨이 될 것입니다.

"스스로 자유를 포기하지 마세요. 부디, 자유인이 되소서."

※ 글에서 나오는 '노력'과 관련된 표현은 자유롭기 위한 과정에서 드는 수고로움을 의미합니다. 저는 목표 없이 맹목적으로 '노력'하다 '추락'하는 삶을 원치 않습니다.

프롤로그

 내가 싫었다. 속은 불타는 지옥처럼 타들어 가면서도 나를 가두는 것들에 대항하지 못하는 무력한 인간. 바로 나였다. 사실 무엇이 나를 가두는지도 잘 알지 못했다. 답답했다.

 이러한 삶이 반복되자 정말 미칠 것 같았다. 다른 사람이 미운 건 둘째 치고 형편없는 내 모습을 잠시라도 마주할 용기가 나지 않았다. 문득 이런 생각이 들었다.

 '나는 내 삶의 주인인가? 누군가의 노예인가?'

나는 노예였다. 아무도 대신 살아줄 수 없는 내 삶을 스스로 노예처럼 살고 있었다. 물었다.

'누가 나를 그렇게 만들었나?'

몇몇 용의자를 추려보았지만, 잡고 보니 진범은 놀랍게도 '나'였다. 더는 이렇게 살고 싶지 않다. 변하고 싶다. 내 삶의 주인 자리에 나를 앉히고 싶다.

희망을 말하지 마라. 노예는 미래의 희망을 바라지만, 주인은 지금 당장 행복하다. 나는 지금 당장 행복하고 싶다. 지금 당장 기쁘고 싶다. 지금 당장 웃고 싶다.

하지만 불치병 같은 '눈치'라는 병을 오랫동안 앓았던 나는 한 번에 건강해질 수 없었다. 피할 수 있는 건 피하고 피할 수 없는 건 버텼다. 처음엔 오히려 그렇게 변화하려는 순간순간이 더욱 힘들게 다가왔다.

감정적 우울감도 함께 왔다. 나는 그저 버텼다. 지금 이겨내지 못하면 평생 노예처럼 살게 될 것이기에. 다시는 그렇게 살고 싶지 않기에.

그렇게 일 년이 지난 지금. 나는 지금 행복하다. 나는 지금 기쁘다. 나는 지금 웃고 있다. 다른 사람의 시선에 상관없이 지금의 내가 정말 사랑스럽다.

나에게 말해주고 싶다. '지금 그대로 괜찮다'고.

당신에게도 말하고 싶다. '그대로 괜찮은 너'라고.

나에게 말해주고 싶다.
지금 그대로 괜찮다고.
당신에게도 말하고 싶다.
그대로 괜찮은 너라고.

목차

독자에게   4

프롤로그   8

자유를 향한 질문

정말로 어쩔 수 없는가   17
나를 충분히 사랑하는가   25
그래서 뭘 어쩌라고   33
두 발로 딛고   39

자유를 위한 버림

버려야 얻는 자유   47
꽃은 그대로 아름답다   55
존경보다 사랑을   61
돈보다 벗   67

자유를 주는 수용

있다면 있고 없다면 없다   77
생긴 대로 멋있게   85
바꿀 거예요   93
눈물이 날 것 같을 때   99

자유를 찾는 행동

사양하는 게 미덕일까	107
간결하게	115
천지 차이	121
실패할 기회를 달라	129

자유를 사는 습관

너의 별에 가고 싶어	137
삶에 정답은 없다	143
살아있는 시체	149
고통은 성숙의 학교	155

자유를 얻는 감사

우주를 담다	163
부끄러움이라는 축복	171
물과 똥물 사이	177
하늘 얼굴	185

에필로그

그림. 무품뭉	190
글. 필신부	192

자유를 향한 질문

정말로 어쩔 수 없는가

나를 충분히 사랑하는가

그래서 뭘 어쩌라고

두 발로 딛고

질문
진짜 어쩔 수 없었나?

정말로 어쩔 수 없는가?

자유를 향한 첫 번째 질문은 단순했다. '내가 어쩔 수 없다고 생각하는 것들이 정말로 어쩔 수 없는 것인가?'

나는 늘 어쩔 수 없다고 생각했다. 부장님이 어느 날 갑자기 "회식을 하자" 하시면 친구와의 약속이 있음에도 '어쩔 수 없다'고 생각했다. 주말에 단체로 "여행을 가자" 하시면 쉬고 싶어도 '어쩔 수 없다'고 생각했다. 내 잘못이 아님에도 부장님이 갑자기 화를 내며 다그치시면 '어쩔 수 없다'고 생각했다.

그런데 … 정말 그런가? 그때의 나는 정말 어쩔

수 없다고 생각했다. 사회생활은 다 그런 거라고 내가 원하는 것만 하며 살 수 없다며 스스로 위로했다. 하지만 그런다고 기분이 나아지지 않았다. 오히려 불만이 더 많아졌고, 이렇게밖에 살 수 없는 인간의 삶이 불행하게 느껴졌다.

사실은 인간의 삶이 불행한 것이 아니었다. 그저 나라는 한 인간이 불행하다 느낄 뿐. 그리고 안타깝게도 그 불행은 내가 자처한 것이었다. 나는 회식을 가지 않고 친구를 만날 수 있었다. 나는 여행을 가지 않고 쉴 수 있었다. 나는 부당한 지시와 다그침에 내 의견을 말할 수 있었다. 하지만 나는 그러지 않았다. 그저 어쩔 수 없다고 생각했던 것들이 돌이켜 보니 어쩔 수 없는 것이 아니었다.

나는 원치 않는 것에 대해 원하지 않는다고 말하기 시작했다. 그런데 매번 순응하던 사람이 갑자기 자기주장을 하는 게 어디 쉬운 일인가. 처음엔 부장님에게 내 의견을 말한다는 자체가 무척 힘들었다. 겨우겨우 입을 떼고 나서는 자리로 돌아오면, 몇 분 동안 내내 가슴이 벌렁벌렁 콩닥콩닥했다.

조금 전 내가 했던 행동이 잘한 일인지 잘못한 짓인지도 분간이 되지 않았다. 그럼에도 그러한 행동을 반복하니 놀라운 변화가 생겼다. 부장님이 나를 대할 때 전보다 조심하기 시작했다. 나를 함부로 대하지 않는 것이 느껴졌다.

물론 미운털이 박혔을지도 모른다. 그러나 나는 그것을 감수하더라도 지금의 내가 더 좋다. 훨씬 자유롭다고 느낀다. '상사와의 좋은 관계'와 '내가 추구하는 자유로움' 두 마리 토끼를 다 잡는 것은 내겐 매우 어려운 일이었다. 나는 나를 위해 자유로움을 택하였고 나머지 토끼는 그냥 내버려 두기로 했다.

그렇다고 해서 그를 미워하는 건 아니다. 미워할

필요도 없다. 미워하는 마음은 나를 괴롭게 만들 뿐이고, 애써 누리고 있는 자유로움의 일부를 다시 이전으로 되돌리기 때문이다.

상대가 윗사람이라고 해서 비굴하지 않고, 상대가 아랫사람이라고 해서 군림하지 않는 사회. 나는 지금도 그런 세상을 원한다. 내가 유토피아를 꿈꾸는 걸까? 확실한 건, 그러기 위해서는 나부터 그렇게 살아야 한다는 것이다.

모든 게 다 만족스럽기는 어렵다. 무엇을 더 원하는지 판단하고 그것을 실행하였다면, 그로 인해 발생한 기회비용에 대해서는 생각하지 않기로 하자. 어쩔 수 없다고 생각하는 건 어쩌면 기회비용을 지불하기 두려워서인지도 모른다.

직장인으로서 해야 할 일은 해야 한다. 그게 바로 '어쩔 수 없는 것'이다. 하지만 안 해도 되는 일은 하지 않아도 된다. 그건 어쩔 수 없이 해야 하는 일이 아니다. 이 구분이 자유롭기 위한 첫 번째 질문이다. 나에게 물어보자.

'정말로 어쩔 수 없는가?'

내가 어쩔 수 없다고 생각하는 것들이 정말로 어쩔 수 없는 것인가?

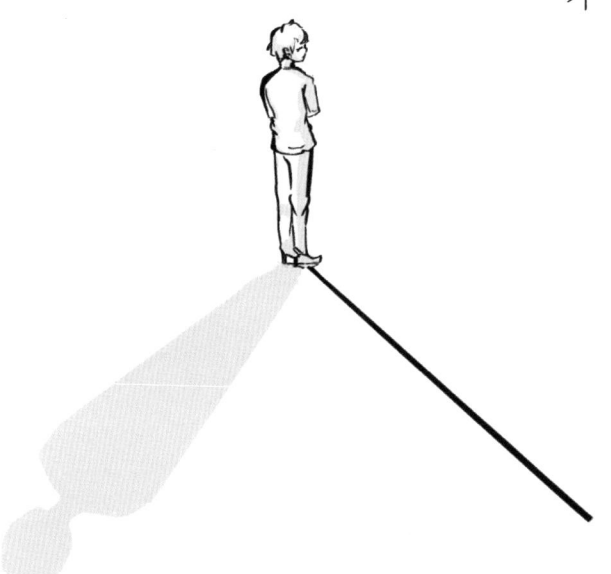

정말로 어쩔 수 없는가

질문
나에게 사랑한다 말하기

나를 충분히 사랑하는가

　예전에 어떤 심리학자를 만난 적이 있었다. 그와 이야기를 나누는데, 내 이야기를 듣던 그는 내게 이렇게 물었다.

　"당신은 자신을 충분히 사랑하고 있나요?"

　그 질문은 내게 자유를 향한 두 번째 물음이 되었다.

　한 번도 생각해 본 적이 없는 질문을 들은 나는 그제야 곰곰이 생각해보았다. 그리고 그에게 물었다.

　"얼마나 사랑해야 충분한 거죠?"

그가 대답했다.

"더는 사랑할 수 없을 정도는 되어야 충분한 거죠."

나는 소스라치게 놀랐다. 사람이 그럴 수가 있나? 어떻게 자신을 더는 사랑할 수 없을 정도로 사랑하지? 당시에 나로서는 도저히 이해할 수 없었다. 내가 어물쩍거리자, 그가 다시 물었다.

"질문을 바꿔볼게요. 당신은 자신에게 '괜찮아', '사랑해', '넌 충분히 좋은 사람이야'라고 말해주고 있나요?"

나는 곧바로 답했다.

"아니요."

그가 말했다.

"앞으로 의무적으로라도 하루에 한 번은 꼭 자신에게 '사랑해, 괜찮아, 넌 좋은 사람이야'라고 말해주셔야 합니다. 아니면 병에 걸리실지도 몰라요."

뜻밖의 협박을 들은 나는 고민했다. 도저히 할 수 없는 말을 나한테 하라니… 게다가 안 하면 병에 걸린다니…

어쩔 수 없었다. 너무 오글거리고 민망했지만, 그날부터 나는 자신에게 말해주기 시작했다.

'사랑해, 괜찮아, 넌 좋은 사람이야'

처음에는 입이 떨어지지 않았다.

힘겹게 시작한 작업이 보름 정도를 지났을까? 마법 같은 일이 일어났다. 내 삶은 달라진 게 없는데, 정말로 나 자신이 전보다 괜찮게 느껴졌다. 스스로 사랑스러울 수 있다는 게 신기했다.

그보다 더 놀라운 게 있었으니, 어느새 내가 다른 사람에게도 똑같이 말해주고 있다는 것이었다.

"괜찮아요. 당신 잘못이 아니에요. 당신은 좋은 사람이에요."

무심코 뱉는 말에도 힘이 있다. 긍정적이고 좋은 말들이 모여 나와 당신을 실제 그런 사람으로 만든다.

우울한 사람과 단둘이 30분만 자리를 함께해보라. 장담컨대 당신이 아무리 기분이 좋은 상태라 하더라도 우울한 기운에 영향을 받을 수밖에 없을 것이다.

반대의 경우도 마찬가지다. 행복한 사람과 자리한다면, 당신이 우울한 상태라 하더라도 그의 좋은 기운

덕분에 기분이 조금은 나아질 것이다. 그러니 기왕이면 아름답고 좋은 말, 예쁘고 긍정적인 말을 쓰자.

누군가 내게 누가 그걸 몰라서 안 하는 거냐고 묻는다면, 나는 이렇게 반문한다.

'알면서 왜 안 하는데?'

조금만 노력하면, 약간의 수고로움만 들이면 우리 삶이 좀 더 아름다워질 수 있다.

밑지는 셈 치고 해보자. 나와 세상을 바꾸는 주문.

"사랑해, 괜찮아, 넌 좋은 사람이야."

사랑해, 괜찮아, 넌 좋은 사람이야.

나와 세상을 바꾸는 주문

질문
무례한 상대방 거르기

그래서 뭘 어쩌라고

자유를 향한 세 번째 질문은 '그래서 뭘 어쩌라고?'이다.

조금 이상하게 들릴지도 모르지만, 이 말을 대체할 문장이 딱히 생각나지 않는다. 제법 냉소적으로 들리는 이 반문에 어울리지 않게, 나는 늘 누군가의 조언을 잘 받아들이려고 노력하던 사람이었다.

그 자체가 나쁜 건 아니다. 그러나 반드시 구분해야 하는 게 있다. 지금 내게 말하는 저 사람의 말이 '나를 위해서 하는 말인가? 아니면 나를 통제하기 위한 말인가?'이다.

악은 가장 친절한 모습으로 다가온다고 하지 않던가. 누군가 내게

"다 너를 위해서 하는 말이야", "네가 친동생 같아서 하는 말인데"

라며 조언을 하려 한다면, 잘 살펴야 한다.

사실 그는 무언가 맘에 들지 않는 내 모습에 화가 나 있는 상태인지도 모른다. 혹은 나에게 열등감을 느껴 내가 자기보다 못한 사람이라는 것을 분명히 해두고 싶은 걸지도 모른다. 그렇게 나를 자신의 통제 안에 두고 싶은 것일 수도 있다.

그렇다면 나를 위한 조언과 그렇지 않은 분풀이를 어떻게 구분할 수 있을까? 이 둘을 분간하지 못하고 다른 사람에게 끌려다닌 수년의 삶을 토대로 나는 이렇게 구분하기로 했다.

'그가 나를 배려하며 말하고 있는가?'

이것을 기준 삼아 그를 바라보라. 그러면 분명해진다. 그가 나를 정말로 사랑하고 아껴서 하는 말인지, 아니면 호구로 생각하고 나를 부하로 만들려 하는 말인지.

강아지를 키우는 사람들은 자신에게 충성하는 강아지를 가족처럼 대하고 사랑으로 돌본다. 그런데 사람은 자신에게 충성하는 사람을 때로 개처럼 대하고 애완동물로 거두려 한다.

매스컴을 통해 접하게 되는 노동착취 관련 사건의 가해자들은 하나같이 이렇게 말한다.

"나는 그들을 가족처럼 대했다."

친절을 가장한 모욕을 당하지 마라. 누군가 당신

을 다루기 쉬운 순종적인 사람으로 만들려는 시도에 굴복하지 마라. 그렇지 않으면 당신은 그 없이는 살아갈 수 없는 자유를 포기한 종이 될 것이다. 그가 만든 우주에서 그의 주위를 맴도는 위성이 될 뿐이다.

그러니 나를 배려하지 않는 누군가의 조언에는 그저 이렇게 말하라.

"그래서 뭘 어쩌라고?"

대놓고 말하기 어려우면 속으로라도 …

네가 친동생 같아서 하는 말인데

질문
스스로 걷고 있는가

두 발로 딛고

나는 걸음 속도가 빠른 편이다. 산책을 워낙 좋아해서 요즘엔 하루에 거의 2만보 정도 걷고 있는데, 산책 중 가장 답답한 순간은 앞선 무리가 길 전체를 틀어막고 천천히 걷고 있을 때다. 가령 4명이 지나갈 수 있는 길을 4명이 길게 늘어서 천천히 걷고 있는 상황 …

예전엔 어찌할 줄 몰라 그들이 나의 존재를 눈치 채고 알아서 비켜줄 때까지 기다렸지만, 지금은 내가 먼저 말한다.

"잠시만 지나가겠습니다."

홀로 하는 산책을 좋아하는 건, 언제든 내가 가고 싶은 방향으로, 원하는 속도로 걸을 수 있기 때문이다. 자율성이 확보되지 않는다면 굳이 혼자 걸을 필요가 있겠는가.

누군가와 함께 걷는 경우, 그와 내가 좋은 관계를 유지한다면 자율성을 좀 내려놓더라도 즐겁다. 하지만 모든 선택권이 오로지 그에게 있다면 산책은 즐겁지 않다. 직장생활을 하던 때, 점심을 먹고 불편한 상사 옆에서 그의 재미없는 이야기를 들으며 걷고 있노라면, 쉬는 게 아니라 업무의 연장이라는 느낌이 들었다.

나는 이것을 '사족 보행'이라 부른다. 두 발로 걷고 있지만, 사실 그의 두 발에 내 두 발이 따르고 있는 것뿐이니까. '내 발'로 걷고 있는 게 아니라 '네 발'로 걷고 있으니까. 마치 족쇄를 채운 것처럼.

지금 나는 한 걸음을 가더라도 '내 발'로 걷고 싶다. 내 삶이 능동적이고 주체적이면 좋겠다. 어쩔 수 없이 사는 '네발 달린 짐승'으로 돌아가고 싶지 않다.

누군가의 뒤에서 걷는 사족 보행이 당장 생존하기에 유리할지도 모른다. 그러나 그건 나에게 있어 자유를 잃어버린 불행한 인간이다. 또한, 앞선 그가 나를 더는 기다려 주지 않는다면, 멀리 사라져 버린다면 그때 느낄 당혹감을 생각해보라. 영락없이 주인 잃은 강아지 꼴이 아니겠는가.

당장 내 앞에 펼쳐진 길을 잘 알지 못해도 조금은 불안해 보여도 직립보행하는 인간의 발이 훨씬 아름답고 자유롭다.

두 발을 땅에 딛고 멀리 하늘을 바라보라.

그리고 결정하라.

당신의 길을! 당신의 걸음과 속도를!

그리고 결정하라.
당신의 길을!
당신의 걸음과 속도를!

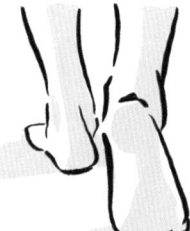

한 걸음을 가더라도 내 발로 걷고 싶다

자유를 위한 버림

버려야 얻는 자유

꽃은 그대로 아름답다

존경보다 사랑을

돈보다 벗

버림
착한 사람, 좋은 평판, 소유욕

버려야 얻는 자유

내 경험상 자유롭기 위해서는 세 가지를 버려야 한다. '착한 사람'이 되려는 것, '좋은 평판'을 들으려는 것, 지나친 '소유욕'이 그것이다. 이 세 가지 중 하나라도 버리지 못하면 자유로워질 수 없다.

과거의 나는 모두에게 '착한 사람'이고 싶었다. 그래서 삶의 대부분을 '예스맨(yes-man)'으로 살았다. 정말 좋아서 그랬다기보다 그래야 사람들에게 착하다는 '좋은 평판(?)'을 들을 수 있다고 여겼기 때문이다. 하지만 애초에 평범한 인간이었던 나는 모두에게 '착한 사람'이 되려 하면 할수록 속은 검게 타들어 갔다. 한 사람의 '악평'에도 마치 인생 전체가 망

가진 사람처럼 좌절했다.

지금 생각해보니 나는 모든 사람을 내 사람으로 소유하고 싶었나 보다. 모든 사람의 감정을 소유하고 싶었나 보다.

얼마 전, 오전 8시쯤에 공원을 산책하던 중 노숙자 한 분을 보게 되었다. 그는 벤치에 앉아 가방을 꼭 끌어안고 새우잠을 자고 있었는데, 아침부터 불편하게 앉아서 주무시는 모습을 보니 마음이 좋지 않았다.
나는 그에게 다가가 조심스레 말을 걸었다.

"저기요."

그는 천천히 고개를 들고 아무 말 없이 나를 바라보았다.

"혹시, 거처가 있으신가요?"

여전히 그는 말이 없었다. 나는 여러 질문을 이어갔다.

"가족은 있으세요? 자녀분들은요? 어디 편찮으신 데는 없으세요?"

빗발치는 질문에도 그는 한마디 말도 없이 그저 나를 바라볼 뿐이었다. 나는 방향을 틀어 다른 질문을 던졌다.

"혹시 가방에 뭐가 들어있나요?"

그러자 그가 갑자기 씩 웃는 것이 아닌가? 그는 미소를 지으며 가방 속을 보여주었다. 궁금했다.

'도대체 어떤 것이 있길래 저렇게 행복해하실까?'

막상 가방 속을 들여다보니 그 안에 있는 것은 옷

몇 벌이 전부였다.

그를 돕고 싶었던 나는 그에게 말했다.

"혹시 거처가 없으시면 제가 복지관 쪽으로 연결해 드릴까요? 그곳이 여기보다 훨씬 지내시기 편하실 거예요."

그러자 그는 말없이 강하게 고개를 가로저었다.

"식사 아직 못하셨죠? 제가 근처 편의점에서 뭘 좀 사 올 테니 잠시 기다려 주세요. 그동안 잘 생각해보세요."

나는 급히 편의점에 들러 김밥과 빵, 초코우유를 사서 공원으로 왔다.
그런데 이게 웬일인가? 그가 보이지 않았다. 허무하게 집으로 돌아온 나는 가만히 생각해보았다.

'배가 고팠을 텐데, 그는 왜 자리를 떠났을까?'

그때 문득 이런 생각이 스쳤다.

'그는 자유인이었구나!'

내가 보기에 그는 가진 것 없는 노숙자였지만, 그는 그저 가방에 옷 몇 벌만 있어도 충분한 자유인이지 않았을까. 모두에게 '착한 사람'일 필요도 '좋은 평판'을 들을 필요도, 더 무엇을 '소유'할 필요도 없는 자유인.

어쩌면 그는 말을 할 줄 모르는 게 아니라, 내게 말할 필요를 느끼지 못했을지 모른다. 그가 대답한들 나는 그를 그저 도움이 필요한 '노숙자'로 보았을 테니 …

그는 허기진 배를 채우기 위해 '자유'를 포기하는

보통의 인간이 아니었다. 추위를 피할 옷 몇 벌만으로도 충분한 사람이 바로 그였다.

그렇게 생각하니 현자를 만난 것 같았다. 그에게 배웠다. 자유롭고 싶다면 내려놓아야 한다는 것을, 버려야 한다는 것을, 누려야 한다는 것을 …

어쩌면 우리는 너무 많이 가지고 있어 자유롭지 못한 게 아닐까?

자유와 소유는 함께 갈 수 없나 보다.

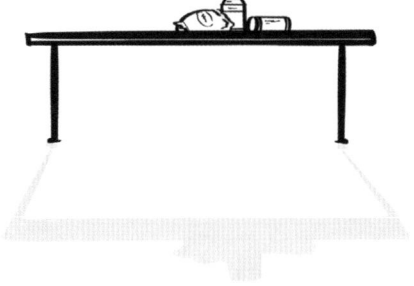

자유와 소유는 함께 갈 수 없나 보다

버림
비교하지 않는 삶

꽃은 그대로 아름답다

아침에 일어나 졸린 눈을 비비며 화장실로 향한다. 따뜻한 물로 샤워를 하고 머리를 말린 다음 거울을 보다, 흠칫 놀라며 외친다.

"오! 잘 생겼는데?"

아침을 맞이하는 평범한 나의 일상이다. 오글거리지 않냐고? 하나도 오글거리지 않는다. 심지어 양심의 가책도 느끼지 않는다. 왜냐하면 난 잘 생겼기 때문이다.

누군가는 이렇게 묻겠지.

"객관적으로 정말 잘 생겼어요?"

아니. 나는 잘 생겼다는 말을 나 외에 딱 한 사람, '어머니'에게 듣는다.

그러면 누군가 '잘 생긴 게 아니지 않냐'고 따질지도 모르지만, 상관없다. 내가 그렇다면 그런 거니까. 뭐 어떤가? 내가 그렇게 생각한들 누군가에게 피해를 주는 것도 아니지 않은가. 오히려 아침마다 만족하니 내 정신건강에 훨씬 이롭다.

우리는 나도 모르는 사이 '타인과 경쟁하는 삶'에 익숙해져 있다. 어쩌면 자본주의 사회에 사는 인간의 숙명인지도 모른다. 하지만 모든 것을 꼭 겨루어야만 할까? 경쟁하지 않아도 되는 것이 있다.

바로 '자기만족'이다. 자기만족은 타인과 경쟁할 필요가 없다. 내가 나에게 만족하는 부분까지 타인의 눈치를 본다면, 도대체 언제 만족할 수 있을까.

다른 사람이 뭐라 한들 스스로 만족할 줄 알아야 한다.

길에 핀 꽃들을 보라. 꽃들은 자신을 뽐내지 않는다. 누가 더 예쁜지 겨루지 않는다. 그러니 꾸미려고 노력할 필요가 없다.

아름답기 위해 애쓰는 꽃을 본 적이 있는가?

꽃은 있는 그대로 존재하기에 고유하고 아름답다. 남의 눈에 잘 보이려고 지나치게 애쓰지 마라. 그보다 본래의 고유하고 아름다운 자신의 모습을 아끼고 사랑해주어라.

자신을 사랑하지 않는 것은 꽃에 물을 주지 않는 것과 같다. 곧 시들어 말라버릴 것이다.

당신과 나는 이미 충분히 아름답고, 충분히 사랑스럽고, 충분히 괜찮은 존재들이다.

꽃은 있는 그대로 존재하기에 고유하고 아름답다.

아름답기 위해 애쓰는 꽃을 본 적이 있는가

버림
삶은 카피가 아니다.
존경 말고 사랑을

존경보다 사랑을

당신은 존경하는 누군가가 있는가? 나는 없다. 아니 없기로 했다. 돌이켜보니 누군가에 대한 지나친 존경이 나에겐 별로 도움이 되지 않았다.

지금도 그런지 모르겠지만, 내가 초등학생 때는 학기 초에 선생님께서 늘 종이 한 장을 나눠주셨다. 나와 관련된 거의 모든 것을 적어야 하는 종이였는데, 늘 빠지지 않고 써야 하는 목록 중 하나가 바로 '존경하는 인물'이었다. 그걸 매년 적다 보니 나도 모르게 누군가를 존경해야 한다고 생각했을까. 존경하는 인물이 없으면 어떻게든 누구든 찾아 적었다.

물론 교육적인 의미로 한 것이겠지만, 지금 생각

하면 꼭 그런 걸 적게 했어야만 했나 싶다.

성인이 되고 아버지뻘 되는 어떠한 분을 존경한 적이 있다. 그분은 내가 가지지 못한 면을 지녔고 그렇기에 나는 그분께 더욱 큰 매력을 느꼈다. 나는 그분의 생각과 말투, 행동까지 모두 닮고자 했다. 한편으로는 그렇게 대단한 분을 가까이서 대하는 내 자신이 자랑스럽게 느껴지기까지 했다.

하지만 어디 완벽한 인간이 있겠는가. 가까이하면 할수록 그분의 좋지 않은 면도 보게 되었다.

존경이 지나쳤던 탓일까?

나는 그분의 잘못도 잘못이 아니라 생각했고, 그분의 단점도 단점이 아니라 여겼다. 지금 돌아보면 그때의 나는 그분에 대해서는 이성적 판단의 회로가 끊겨있었다.

누군가를 존경하면 판단이 흐려지고 그의 행동이 모두 옳다고 생각하기 쉽다. 그 기간이 길어지면 그가 어떤 잘못을 해도 옹호하게 된다. 그렇게 교주가 탄생하고 나는 그의 광신도가 된다.

그의 인생은 오로지 그의 것이다. 내가 아무리 존경한들 나는 그가 될 수 없다. 그가 되려는 건 어쩌면 그의 삶을 훔치려는 시도인지도 모른다. 나에겐 나만의 길이 있다. 누군가를 지나치게 존경하지 마라. 그는 자신의 길을 갔을 뿐이고 그도 나와 같은 인간이다.

내 삶을 누군가를 모방한 소설로 만들지 마라. 삶은 '소설'이 아니라 매 순간 써 내려가는 '시'다. 누군가와 똑같은 삶은 결코 있을 수 없다.

좋은 사람이 있다면 그냥 좋아해라. 존경하지 말고. 그의 좋은 모습을 사랑해주어라. 부러워하지 말고. 당신에게 있는 것을 발견하고 감사하고 사랑하라. 그것이 당신을 더욱 매력 있게 만들 것이다.

삶은 '소설'이 아니라 매 순간 써 내려가는 '시'다.

좋은 사람이 있다면 그냥 좋아해라

버림
돈보다 관계, 벗

돈보다 벗

몇 달 전, 벗으로부터 한 통의 전화를 받았다. 평소처럼 일상적인 대화를 나누다 믿을 수 없는 벗의 말을 들었다.

"나 돈 좀 빌려주라."

그는 평소 사람들에게 물질적으로 많이 베푸는 사람이었다. 나는 그가 돈이 부족할거라 생각해 본 적이 없었다. 나는 진담이냐고 되물었고 그는 진담이라며 백만 원 정도가 필요하다고 하였다.

나는 벗에게 말했다.

"줄 수 있어. 그런데 이건 빌려주는 게 아니라 그냥 주는 돈이니까. 갚지 않아도 돼."

내 말도 진심이었다. 나는 그동안 어쩌다 누군가에게 돈을 빌려줄 때, 빌려주지 않고 그냥 주었다. 빌려주면 괜히 찜찜한 마음이 들었기 때문이다. 내 말에 그는 이렇게 말했다.

"아니야. 꼭 갚을게. 고마워."

돈을 보낸 후 며칠이 지났을 무렵, 사고 싶은 물건이 생겼는데 돈이 모자랐다. 그러자 벗에게 보낸 돈이 생각났다. 줄 때 갚지 않아도 된다고 해놓고 "꼭 갚을게."라고 했던 그의 말이 생각났다.

'갚는다고 했으니 갚겠지 …'

이런 생각이 들자 평소 아무렇지 않게 연락했던

벗에게 전화조차 할 수 없었다. 나의 전화가 괜히 그에게 돈을 갚으라는 독촉 전화로 받아들여질까 봐 걱정이 되었다. 이상했다. 그와 나 사이에 아무런 문제도 없는데, 돈이 오갔다는 이유로 조심하게 되는 게 말이다.

벗에게 전화를 하지 못하는 날이 길어졌다. 어느 날 문득 이래선 안 되겠다는 생각이 든 나는 용기를 내어 벗에게 전화를 걸었다.

"이따 저녁에 시간 있어? 저녁 먹자."

"그래. 7시쯤 갈게."

오랜만에 가진 그와의 만남은 다행히 전혀 어색하지 않았고 벗과 술잔을 기울이여 평소처럼 이야기를 나누었다. 자리가 깊어지자 나는 벗에게 말했다.

"사실 너에게 돈을 보내고 나서 사고 싶은 물건이 생겼었어. 그런데 참 이상하더라. 갑자기 그 돈이 생각나더라고. 그리고 네가 '꼭 갚을게'라고 했던 말도 생각나고 … 그러고 나니 갑자기 전화를 걸 수가 없겠더라. 너한테 돈을 갚으라고 압박하는 것 같아서 말이야. 약속 하나만 하자. 그 돈 나한테 돌려주지 않기로. 그러면 나도 마음이 편해질 것 같아."

내 이야기를 들은 그는 가만히 고개를 끄덕였다.

사실 따지고 보면 그동안 그가 나에게 쓴 돈이 훨씬 많다. 그보다 더 중요한 건 그는 내가 힘들 때, 늘 곁에 있어 주던 벗이었다는 사실이다. 나는 꼴랑 백만 원에 그에 대한 소중함을 잊을 뻔했다.

당신의 인생에 돈이 중요한가? 벗이 중요한가? 액수의 문제가 아니다. 돈이 소중하다면 단돈 만 원에도 소원해질 수 있는 게 인간관계다. 내 인생에 둘도 없는 소중한 벗이라면 그깟 돈이 문제이랴. 장기라도 떼어주고 싶지 않겠는가.

돈은 다시 벌 수 있지만, 잃어버린 벗을 되찾기란 좀처럼 쉽지 않음을 당신과 나는 이미 알고 있다.

돈은 누군가를 살리는 데 쓰일 때 비로소 빛이 난다. 그렇지 않다면 돈은 단지 수에 불과하다. 어차피 세상을 하직할 때 가지고 갈 수 있는 것 하나 없지 않은가?

마지막 때에도 나와 함께 있어 주는 건 돈이 아니라 벗이다.

나의 마지막 때에도
함께 있어 주는 건
돈이 아니라 벗이다.

돈은 누군가를 살리는 데 쓰일 때 비로소 빛이 난다

자유를 주는 수용

있다면 있고 없다면 없다

생긴 대로 멋있게

바꿀 거예요

눈물이 날 것 같을 때

수용
의미와 가치없음,
지금 충분

있다면 있고 없다면 없다

　내가 늘 중요하다고 생각했던 단어가 있다. 바로 '가치'와 '의미'이다. 가치 있고 의미 있는 삶. 그것은 내 삶의 목표이기도 했다.

　직장생활을 하던 내가 사제가 되고자 한 이유도 삶의 가치에 대한 오랜 성찰의 결과였다. 직장생활을 하던 당시, 나는 주로 회사 옥상에 올라 하늘을 바라보며 휴식시간을 가지곤 했다.

　그날도 하늘을 바라보고 있는데, 문득 이런 생각이 들었다.

'내가 평생 이 일을 하며 살 수 있을까? 나는 어떤 일을 하면 가치 있다고 느낄까?'

아침에 허겁지겁 일어나 대충 세면을 하고 지옥철에 올라 멍하니 버티다 회사에 출근하여 컴퓨터 앞에서 기계적으로 자판을 두드리고는 퇴근길에 지인들과 술 한잔 걸치고 집에 들어가 쓰러져 잠들고, 다음 날 아침 허겁지겁 일어나 …

이 생활을 반복하고 싶지 않았다. 그래서 묻고 또 물었다.

'어떤 삶이 가치 있을까?'

세 달여의 고민 끝에 내가 얻은 답변은 이것이었다.

'평생 공부해도 모르는 걸 하자. 평생 쏟아부어도 가치 있을 만한 일을 하자.'

내게 평생 공부해도 모르는 건 '하느님'이었고, 평생을 살아도 가치 있을 것 같은 직분은 '사제'였다. 나는 드디어 내 삶의 가치를 찾았다며 무척 기뻐했다.

하지만 뭐든 지나치면 병이 되는 걸까? 가치와 의미 만을 쫓다 보니, 그것에 도달하지 못하는 현실에서의 난 울고 있었다.

아니라고 생각했지만 난 '완벽주의자'였다. 그러니 내가 추구하는 의미와 가치도 모두 높은 것들이었다. 어떤 고난과 역경에도 흔들리지 않는 사람, 모두가 좋아하는 훌륭한 인격을 가진 사람, 가진 것을 나누며 어디에도 메이지 않는 사람, 누구와도 잘 어울리는 유머러스한 사람 등. 내가 아닌 내가 되기를 바랐다.

그런데 어찌 내가 아닌 내가 될 수 있겠는가? 가지지 못한 걸 가지려 하니 나는 왜 이리도 지독히 가

난한 사람인가 싶어 슬플 뿐이었다.

사제가 되어도 특별히 달라지는 건 별로 없다. 세상의 시선에서 바라보았을 때, 사제도 하나의 직업일 뿐이다. 사제도 일반 직장인들과 마찬가지로 눈치 봐야 할 사람이 있고 원치 않아도 해야 할 일이 있으며, 쳇바퀴처럼 반복되는 일상이 있다.

중요한 건, 내가 지금 무슨 일을 하고 있느냐가 아니다. 지금의 내 모습에 만족하지 못하면 무엇을 하건 크게 달라지는 건 없다.

그러던 어느 날 우연한 기회에 누군가에게 이런 말을 들었다.

"나는 네가 참 부러워. 너는 주변에 좋은 사람들이 많은 것 같아."

처음 이 말을 들었을 땐, 상대방이 나를 잘 모르고 하는 말이라고 생각했다. 그런데 가만히 생각해보니 나는 정말로 인복이 많은 사람이었다. 나의 부족함을 채워주는 건, 내가 아니라 나의 친구, 동료, 선후배, 이웃, 가족이었다. 부족하다 여겼지만 나는 이미 충분한 사람이었다.

그러면 된 거 아닌가? 지금 나는 충분하다. 그래서 결심했다. 지금만 살기로. 과거는 바꿀 수 없고, 미래는 알 수 없으니 의미와 가치를 찾기보다 지금 내게 주어진 것에 감사하며 살리라. 이미 충분한 나에게 괜찮다고 말해주리라. 사랑하는 사람들에게 고맙다고 말하리라.

어쩌면 진짜 중요한 건 직업이 아닐지도 모른다. 내가 무엇을 하든 어디에서 어떤 위치에 있든 지금 나에게 주어진 것이 무엇인지 찾는 것이 가장 중요하지 않을까?

지금 나는 이렇게 생각한다.

모든 건 '있다면 있고 없다면 없다'고.

내가 있다고 여기면 있는 것이고 없다고 여기면 없는 것이다. 멀리서 찾으려 하지 말자.

나는 지금 여기 있고, 그걸로 충분하다.

나는 지금 여기 있고 그걸로 충분하다

수용
지금 내 모습, 장점 발휘

생긴 대로 멋있게

"사람은 원래 생긴 대로 사는 거야."

내가 신학교에 갈 수 있도록 추천서를 써주신 신부님께서 자주 하시던 말씀이다. 당시에는 이 말씀이 무슨 뜻인지 잘 알지 못했다.

'생긴 대로 산다고? 그럼 막살아도 된다는 건가?'

당시 내 생각 수준이 딱 저랬다. 그런데 시간이 지날수록 신부님의 말씀이 무엇인지 조금씩 알 것 같았다.

생긴 대로 산다는 건, 표면적으로는 가식적으로 살지 않는 것을 의미한다. 물론 원만한 사회생활을 위해 적절한 가면을 써야 할 때도 있지만, 언제까지 가면 뒤에 숨을 수는 없다.

가식을 거두어 낸 다음에는 나에게 주어진 것 안에서 상황에 맞는 것들을 잘 꺼내 써야 한다. 나에게 없는 것 말고 나에게 주어진 것들 안에서.

문제는 대부분 나에게 주어진 것이 무엇인지 잘 알지 못한다는 것이다. 우리는 단점을 고치고 보완하는 쪽으로 날이 더 서 있기 때문이다. 당신과 나의 잘못이 아니라, 우리 사회가 그렇게 교육했기 때문이라고 나는 생각한다. 교육은 어떻게든 뜯어고치려고 하지, 있는 그대로의 인간을 별로 좋아하지 않는다.

생긴 대로 살려면 먼저 내가 어떻게 생겼는지 알아야 한다. 내가 어떤 걸 좋아하는지, 어떤 걸 참지 못하는지, 나에게 어떤 재능이 있는지, 내가 감당할 수 있는 한계는 어느 정도인지 내가 먼저 알아야 한다.

열심히 하면 뭐든 될까? 나는 해도 안 되는 게 있다고 생각한다. 해도 안 되는 것을 가지고 안 된다고 스트레스 받는 건 내 기준에서는 사서 고생하는 것으로 보인다.

뭐든 내가 할 수 있는 만큼만 하자. 괜히 욕심부렸다가 마음을 다치고선 다른 사람 탓하지 말고.

뭔가 더 하려 한다면 먼저 각오부터 하라. 힘들 수도 있다는 걸, 내 뜻대로 잘 되지 않을 수 있다는 걸 인지하고 도전하라.

특히 '나'라는 인간의 생김새를 뜯어고치려는 도전은 더욱 그렇다. 나는 그것이 거의 불가능에 가깝다고 생각한다. 그래도 변하고 싶다면 그 용기에 기꺼이 박수를 보낸다.

한 가지 꼭 말하고 싶은 건, 하다가 포기해도 괜찮다는 것! 언제든 돌아와도 된다는 것이다. 나는 그것이 도전만큼이나 용기 있는 결정이라 생각한다.

신학생으로 살며 좋은 모습으로 변화하고자 나름대로 무진 애를 썼다. 하지만 내 모습이 마음에 들었던 적은 별로 없었다. 왜 그랬을까. 왜 나는 있는 그대로의 나를 사랑하지 못했을까. 그때 좀 더 나를 사랑해주었다면 어땠을까.

지난 일을 두고 후회해봐야 무엇하랴. 나는 지금이라도 있는 그대로의 나를 사랑하기로 했다. 지금의 나는 그편이 훨씬 '사제'다운 모습이라 생각한다.

'하느님께서 만들어 주신 있는 그대로의 모습대로 살아가는 것.'

얼마 전 우연히 신학교 추천서를 써주셨던 신부님께서 내게 보내주신 글귀를 발견했다. 2017년 여름. 있는 그대로의 나를 사랑하지 못하고 괴로워하던 내게 써주신 신부님의 글을 되새기며 다짐해본다. 생긴 대로! 멋있게 살자!

"용필아, 멋있게 살자! 처음 가졌던 생각만큼 뭔가 이루어지지 않을 때 그 시간은 한 걸음 더 내딛기 위한 시간이다."

생긴 대로!
멋있게 살자!

있는 그대로의 모습으로

수용
주체적 태도

바꿀 거예요

 변화하고 싶은 마음은 무엇으로부터 생길까? 그것이 단지 인간이 가지고 태어난 '생리적 욕구', 즉 의식주의 충족에 그친다면 육체적 보전을 위한 것에 불과하다. 하지만 그것이 '나를 찾기 위한 욕구'라면, 어쩌면 삶의 전반을 바꿀 수도 있는 이무기의 꿈틀거림 일지도 모른다.

 변화를 위해서는 먼저 자신이 무엇을 원하는지 알아야 한다. 대부분의 문제는 여기서 발생한다. 내가 무엇을 원하는지 알지 못하는 경우가 많다는 것이다. 그것을 알려면 이것저것 해보는 수밖에 없다. 아무것도 하지 않고 가만히 앉아있으면 그저 육체의 보전을 위한 욕구밖에 느낄 수 없다.

태어날 때부터 '용가리 통뼈'인 사람은 굳이 변화를 위한 노력이 필요 없을지도 모른다. 그는 멘탈이 강해서 상황이 좋든 나쁘든 어떻게든 살아남을 사람이다. 하지만 나 같이 '닭뼈'인 사람은 주변에 호기심을 갖고 부지런해야 한다.

이것저것 하다 보면 자연스레 좀 더 하고 싶은 일이 생긴다. 그리고 결정적으로 그 분야의 좋은 스승을 만나면 변화하고 싶은 욕구가 더욱 강해진다.

내가 정말 아끼는 아티스트(artist) 가운데 해금을 전공하는 고1 학생이 있다. 그를 처음 본 순간, '천재가 이런 사람을 두고 하는 말인가?' 하는 생각이 들었다. 그는 연주, 노래, 그림, 운동 등 다양한 분야에서 재능을 보였고 무엇보다 인성이 굉장히 좋게 느껴졌다.

얼마 전, 그의 공연을 관람하다 놀라운 말을 들었다. 진행자가 그에게 이런 질문을 했다.

"내 삶의 중심이 되는 단어는 무엇인가요?"

"지금은 일단 '수용'이요."

"지금이라고 하면 바뀔 수도 있겠네요?"

사회자의 되물음에 그는 이렇게 말했다.

"네, 바꿀 거예요."

나는 그의 말에 충격을 받았다. 변화를 위해서는 수용이 먼저라는 것. 그리고 수용에서만 그치지 않을 거라는 것. 결국, 자신의 길을 찾을 거라는 이야기. 자신에 대한 믿음이 없으면 결코 할 수 없는 말이다. 그 날만큼은 그는 나에게 스승이었다.

나는 내 미래보다 그의 미래가 더 궁금하다. 재능을 갖춘 사람이 현재 자신에게 다가오는 것을 수용하고 그것을 바탕으로 변화하면 어떤 사람이 될까? 그는 지금 분주하다. 잠을 줄여가며 자신에게 주어진 것들을 능동적으로 '수용'하고 있다.

재능이 없는 사람은 없다. 없다고 느낀다면 본인이 아직 발견하지 못했을 뿐이다. '굼벵이도 구르는 재주'가 있다 하지 않던가. 우리는 굼벵이보다 잘 구르지는 못해도 잘하는 게 훨씬 많다.

내게 살아있다는 건, 호기심을 갖고 물으며 새로운 길을 찾아 걷는 것이다. 그는 살아있다. 아니 살고 있다. 나도 내 길을 가야지. 그에게 외친다.

"나도 바꿀 거예요."

재능이 없는 사람은 없다

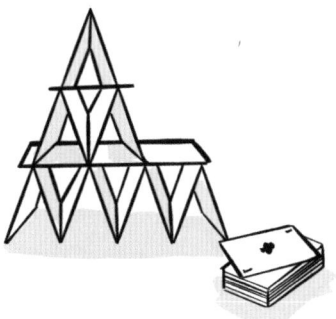

수용
날 위해 울어주기

눈물이 날 것 같을 때

세상에 울고 싶어서 우는 사람이 얼마나 있겠느냐만, 나는 가끔 울고 싶을 때가 있다. 울고 싶다는 건 뭘까? 나의 정신력으로는 버틸 수 없다는 신호가 아닐까. 그럴 땐 울어야 한다.

어떤 이는 말한다. 우는 건 바보나 하는 거라고. 나는 다르게 생각한다. 울고 싶을 때 울지 못하는 게 바보다.

남의 눈치를 지나치게 보는 사람은 울고 싶을 때도 남의 눈치를 보느라 울지 못한다. 몸과 마음이 견디지 못하는 순간에도 남의 눈치를 본다는 것. 얼마나 슬픈가. 얼마나 바보 같은가. 내가 그랬다.

지금 난 울고 싶을 때 운다. 눈물은 내가 억지로 만든 게 아니다. 눈물은 신이 자신의 존재를 드러내는 통로다. 어찌하지 못하는 날 안타깝게 여긴 하느님이 나에게 건네는 따뜻한 선물이다. 그러니 어찌 흘리지 않겠는가. 시원하게 울어보라.

울되, 나를 귀하게 여기는 마음으로 울어라. 내 처지가 처량하고 불쌍해서가 아니라 귀하고 소중한 내 존재가 겪는 아픔에 공감하며 울어라. 그러고 나면 나를 더욱 사랑하게 될 것이다.

얼마 전, 새벽 미사를 드리는 데 미사 시작 전부터 마음이 복잡했다. 꾹 참고 미사를 드리는데, 결국 눈물이 터져 나왔다. 미사에 참여한 교우분들을 생각하면 흘려선 안 될 눈물이었는지도 모른다. 하지만 어떡하나. 눈물이 나오는 걸 …

그날 내가 흘린 눈물은 나를 위해 흘린 눈물이었다. 특정 상황에서 이러지도 저러지도 못하는 내 모습이 안타깝고 처연하여 하느님께서 내 눈을 통해 울어주셨다.

우는 건 불쌍한 게 아니다.

제대로 울지 못하고 구석에서 훌쩍거리는 게 불쌍한 거다. 스스로 외롭게 두지 마라. 설령 남들이 나를 불쌍히 여긴다 해도 내가 나를 그리 여겨선 안 된다. 눈물 흘리는 나를 위로해 주어라. 나를 위해 내가 눈물 흘릴 수 있음에 감사하라.

잊지 마라.

당신은 신이 울어줄 만큼 귀한 존재다.

당신은 신이 울어줄 만큼 귀한 존재다.

눈물이 날 것 같을 때

자유를 찾는 행동

사양하는 게 미덕일까

간결하게

천지 차이

실패할 기회를 달라

행동
나의 의견 정확하게
표현하기

사양하는 게 미덕일까

"다 괜찮습니다."

내가 주로 하던 말이다. 누군가 내게

"이따가 저녁에 뭐 먹을래요?"

"커피와 녹차가 있는데 뭐 드시겠어요?"

"이따가 어디 가시고 싶으세요?"

라고 물으면 나는 늘 이렇게 답했다.

"다 괜찮습니다."

그게 배려 있고 교양 있는 사람의 대답이라고 생각했기 때문이다.

어느 날이었다. 평소 좋아하던 분이 내게 물었다.

"이따가 뭐 먹을래?"

"저는 다 괜찮습니다."

그러자 그분이 내게 말했다.

"나는 네가 그렇게 말하는 게 좋지 않아. 네가 '다 괜찮다'고 말하는 건, 나에게 '내가 뭘 원하는지 맞춰봐' 하는 것처럼 들린단다. 앞으로는 네 생각을 명확히 말해주면 좋겠어."

예상치 못한 말에 나는 매우 당황스러웠다. 나보다 손윗사람에게 내 주장을 말하는 건 예의 없는 행동이라고 생각했는데, 듣고 보니 그게 아니었다.

우리는 실제로 서로 속마음을 몰라준다며 자주 다투지 않는가? 그냥 솔직하게 자기 생각을 말하면 될 것을 … 말하지 않으면서 몰라준다고 다툰다.

나는 사양하는 문화에 익숙하다. 그래서 늘 이렇게 말했다.

"다 좋습니다. 괜찮습니다. 좋으실 대로 하세요."

그렇게 말하는 게 미덕인 줄 알았다.

솔직히 자신에게 물어보라.

'정말 다 좋은가? 다 괜찮은가?'

말로는 그렇다고 해놓고 내가 바라는 쪽으로 정해지지 않으면 내심 서운하지 않았나?

'나는 매번 맞춰줬는데, 어떻게 내 입장은 한 번도 생각하지 않는 거지?'

하며 …

누군가의 물음에 솔직히 이야기하는 건 무례한 게 아니다. 상대방이 원치 않는데 자기 말만 하는 것이 무례한 거다.

무조건 사양하는 게 겸손이 아니다. 나를 향한 누군가의 칭찬을 들을 때도 마찬가지다. 어떤 사람은 자신에 대한 칭찬을 견디지 못한다. 누군가 자신을 칭찬할 때, 무조건 '아닙니다'라고 하는 게 겸손이라고 생각하는 사람이 그렇다. 상대방은 정말 내가 좋아서 하는 말인데도 내가 극구 거부한다.

반대로 생각해보라. 내가 진심으로 누군가가 좋아서 칭찬을 하는데, 그가

"아니에요. 에이, 왜 그러세요. 놀리지 마세요."

라며 극구 부인한다면 칭찬하는 내가 민망하지 않겠는가? 차라리 이렇게 말해보라. 더 밝게 웃는 상대방을 보게 될 것이다.

"좋게 보아주셔서 감사합니다."

무조건 사양하지 마라. 나의 의도와 다르게 상대방을 힘들게 만들 수도 있다. 무엇보다 나의 좋은 모습마저 잃어갈 수 있다.

있는 그대로의 당신은 당신의 생각보다 괜찮은 사람이다.

있는 그대로의 당신은 당신의 생각보다 괜찮은 사람이다.

좋게 보아주셔서 감사합니다

행동
고민보다 실천

간결하게

'신중한 사람'과 '일단 해보는 사람', 당신은 어떤 사람인가. 예전의 나는 '신중한 사람'이었으나 지금의 나는 '일단 해보는 사람'이다. 나는 청년들이 '일단 해보는 사람'이었으면 한다.

신중하다는 건 다른 의미로 조심스럽다는 것으로 실행력이 떨어질 수 있다. 다양한 상황을 그리며 최악의 상황까지 염두에 두기 때문이다. 어떤 조직을 이끄는 위치에 있다면 나쁘지 않다. 그러나 자신의 삶만을 두고 본다면 어떨까? 지나친 신중함은 한 번뿐인 삶의 뒤통수를 계속해서 끌어당기는 무거운 추의 역할을 하는지도 모른다.

'장고 끝에 악수 둔다'는 말이 있다. 너무 깊은 고민이 오히려 일을 그르치게 한다는 것이다. 해보지 않은 일을 두고 그것을 한다면 어떻게 될까 지나치게 고민한다.

그럴 땐, 그냥 해보자.

그러면 내 생각이 맞았는지 틀렸는지, 혹은 그 중간 어디쯤이었는지 알 수 있다. 그러니 다른 사람에게 피해를 주는 게 아니라면, 먼저 해보고 그다음에 신중하면 안 될까?

나는 뭐든 속도가 빠르다. 결과를 빨리 보고자 한다. 이것이 단점이라면 단점일 수 있다. 중간에 필요한 과정을 놓칠 때도 있고 그것이 종종 경제적인 손실로 이어지기도 한다. 하지만 동전에 양면이 있듯 이러한 내 성향은 실천의 추진력으로 이어질 때가 많다. 그리고 경제적 손실을 보더라도 일단 해봤다는 만족감이 더 크다.

중요한 건 해본 사람만이 그 일에 대해 깊이 논할 수 있다는 것. 해보지 않고 말하는 건 사실 '수박 겉 핥기'에 불과하다.

나는 요즘 고민되는 것들이 있을 때, 속으로 이렇게 외친다.

'간결하게!'

그러고 나면 내가 어떻게 해야 할지 좀 더 명확해진다.

사실 우리는 어떻게 해야 하는지 모르는 경우보다 이미 알고 있는 경우가 훨씬 많다. 알고 있지만, 이런저런 이유를 대며 자신의 생각을 합리화하려는 과정 가운데 고민이 깊어지는 것이다.

그럴 땐 간결해야 한다. 깊이 생각하지 말고 짧게!

바로! 간결하게! 생각하고 결정하고 실행해야 한다.

어쨌든 결국 당신의 선택이다. 신중하게 사는 것도 나쁠 것 없다. 그렇지만 신중함이 지나쳐서 때를 놓치지는 않았으면 좋겠다. 지나고 나서 두고두고 후회하느니 하고 나서 후회하는 편이 낫지 않을까?

오늘도 버스는 오고 있고, 내 앞에 잠시 멈추었다가, 지나간다.

탈 텐가? 말 텐가?

'간결하게! 혹은 신중하게.'

신중함이 지나쳐서 때를 놓치지는 않았으면 좋겠다

행동
고정관념 탈피,
직접 경험하라

천지 차이

 자주 걷는 산책길 옆. 작년부터 거의 1년째 새로운 교회 건물이 지어지고 있었다. 올여름 완공된 교회는 꽤 깔끔하고 단정해 보였다.

 어느 날 운동복에 슬리퍼 차림으로 동네를 걷다 우연히 그 교회 앞에 발걸음을 멈추었다. 교회들은 대부분 문 앞에 예배시간 안내문을 붙여 놓는다. 새로 생긴 교회도 마찬가지였다. 문득 청년부 예배시간을 살펴보니 주일 오후 1시였다. 성당 미사 시간과 겹치지 않아 내가 가려고 하면 충분히 갈 수 있는 시간대였다.

코로나 이후 청년들의 미사 참석률이 줄어들어 고민하고 있던 터라, 그곳 교회의 사정은 어떤지 궁금했다.

나는 곧장 교회 사무실로 향했다. 사무실에는 직원 두 분이 계셨다. 나는 이렇게 말했다.

"안녕하세요. 근처 성당 신부인데요. 혹시 제가 교회 청년부 예배에 한 번 참석해볼 수 있을까요? 예배를 어떻게 하는지 궁금해서요."

사무실 직원분께서는 내게 잠시 앉아 기다리라고 한 다음 어딘가로 전화를 걸었다. 잠시 후, 깔끔한 옷차림의 젊어 보이는 남성분이 사무실로 들어왔다. 그가 내게 말했다.

"어떻게 오셨어요? 방금 전화로는 옆에 있는 성당 신부님이라고 들었는데…"

"네, 맞습니다. 그 성당 신부입니다. 다른 의도는 없고요. 이곳 청년들이 어떻게 예배를 드리는지 어떤 방식으로 교류하는지 알고 싶어 찾아왔습니다."

"그렇군요. 제가 이 교회 청년 담당 목사입니다. 잠시 자리를 옮겨 저와 이야기를 나누시지요."

목사님의 인도에 따라 새로 지어진 교회의 깔끔한 카페테리아로 향했고, 그곳에서 많은 이야기를 나누었다. 그것이 목사님이라는 분과의 생애 첫 만남이었다.

목사님께서는 처음 보는 내게도 굉장히 친절하셨다. 호기심이 많아 이것저것 물어보는 내가 귀찮을 수도 있는데, 하나하나 차분히 설명해 주셨고 새로 지어진 교회 곳곳을 직접 안내해주셨다.

사실 나는 우리나라의 '목사'라는 집단에 부정적

인식을 갖고 있었다. 매스컴을 통해 접한 내용이 대부분 그러했기 때문이겠지. 매운맛을 찾아다니는 매스컴의 레이더에 걸린 목사들의 모습은 대부분 좋지 않을 수밖에 없었다.

하지만 내가 직접 만난 목사님은 전혀 그런 모습이 아니었다. 평범하고 인심 좋은 목사님. 많은 이가 바라는 바람직한 종교인의 모습에 가까운 분이었다. 그동안 나는 목사님들을 만나보지도 않고 지레짐작으로 오해하고 있었다.

'목사들이 다 그렇지 뭐.'

우리는 내가 경험한 바를 바탕으로 그것을 있는 그대로 바라보기보다, 다른 채널을 통해 접하면서도 진실이라고 믿는 경향이 있다. 특히 '매스컴'의 보도 내용을 검증 없이 사실로 받아들이는 경우가 많다.

사실 바쁜 현대인들이 일일이 시간을 내어 사실을 확인한다는 것은 불가능에 가깝다. 하지만 그렇기에 더욱 조심해야 하는 게 아닐까.

어쩌면 우리는 직접 체험하지 않고 확정 짓는 섣부른 판단으로 인해 '우물 안 개구리'가 되는지도 모른다.

그간 목사님들이 배타적이라고 생각했지만, 겪어 보니 직접 만나보지도 않고 그렇게 생각한 내가 배타적이었다.

목사님은 갑자기 운동복에 슬리퍼를 신고 나타나 신부라 주장하는 나를 별 의심 없이 수용해주시고 함께 이야기를 나누었다. 이런 분을 어찌 배타적이라 할 수 있겠는가.

다음날, 나는 감사의 의미로 목사님께 작은 선물

을 드렸다. 그리고 주일 청년예배에 참석해보았으며, 며칠 후엔 목사님과 점심을 함께하며 이런저런 이야기를 나누었다. 서로 잘 알지 못하던 부분에 대해 이해의 폭을 넓히게 된 좋은 대화의 장이었다.

해보지 않고 판단하지 말자. 겪어보지 않고 확언하지 말자. 직접 체험한 것에 대해 자신의 의견을 이야기하되 해보지 않은 것에 대해서는 말을 아끼자.

'직접체험'과 '간접체험' 간의 거리는 '하늘과 땅 차이'만큼 멀다.

직접체험과 간접체험 간의 거리는
하늘과 땅 차이 만큼 멀다

행동
밖으로 나가라. 실천

실패할 기회를 달라

 나는 중고등학생 시절 비교적 '모범생'이었다. 공부도 곧잘(?) 하였고 운동도 어느 정도 했으며, 부모님 속을 크게 썩인 적도 없었다.

 당시 공부는 뒷전에 두고 껄렁거리는 친구들끼리 어울리며 담배 태우고 술 마시며 동급생이나 하급생에게 소위 '빵'을 뜯는 학생들을 흔히 '양아치', '날라리' 혹은 '일진'이라고 불렀는데 나는 그들과 거리가 멀었다.

 나는 그들 앞에서는 찍소리 못하면서도 마음속으로 그들을 이미 실패한 자들, 더 볼 것도 없이 이미 끝

장난 구제 불능의 낙오자 취급을 했던 기억이 난다.

지금 그들은 어떻게 살고 있을까? 다 그렇진 않지만, 예전에 문제아 취급당하며 실패한 인생이라 손가락질 받던 그들 가운데 개과천선한 친구들도 있다.

그들에게 어떤 마음이 들어서 지금과 같이 변했느냐고 물어보면 비슷하게 이야기하는 게 있다. 학생 때, 놀 만큼 놀고 문제를 일으킬 만큼 일으켜보고 나니 남들 놀 때 별로 놀고 싶지 않더라는 것이다. 그들은 남들이 본격적으로 놀기 시작할 때, 마음을 다잡고 새로운 삶을 시작한 것이다.

남들이 놀 때 '모범생'처럼 살던 나는 오히려 성인이 되어 노는 것을 넘어 방황하기 시작했다. 울타리 없는 시기에 찾아온 사춘기는 나를 거세게 휘몰아쳤다.

어떻게 놀았고 어떤 방황을 했는지는 중요치 않

다. 그 체험에서 무엇을 배웠느냐가 중요하다. 남들이 보기에 실패한 것처럼 보이는 시기. 사실 성공이냐 실패냐 만을 두고 보았을 때, 실패가 맞다. 섣부르고 미숙했으며 거칠고 종잡을 수 없었다.

그런데 그 실패의 경험이 지금 내게 소중한 체험으로 다가온다. 그 덕분에 나는 조금은 성숙했고 부드러워졌으며 방향을 잡을 수 있었다.

우리 사회는 실패할 기회를 주려고 하지 않는다. 그저 정해진 길로 온순하게 순종하길 바란다. 그러나 어디 인간이 그런 존재인가? 가지 말라고 하면 더 가고 싶고 가만히 있으라고 하면 움직이고 싶은 게 자유를 추구하는 인간의 본성이 아니던가.

누군가 가보고 싶어 하면 그냥 좀 가게 내버려 두면 안 될까? 해보고 싶어 하면 그냥 좀 하게 두면 안 될까?

온실 속 화초는 면역력이 약해 보호막이 걷히고 나면 곧 죽어버린다. 온실 속 화초는 길에 핀 잡초보다 훨씬 위험하다.

스스로 온실을 뛰쳐나올 기회를 주자. 스스로 잡초가 되어 볼 기회를 주자. 거리에 핀 꽃이 될 기회를 주자.

누군가의 인생을 온전히 책임질 수 없다면 훈수는 좀 적당히 두자.
누군가의 그늘 안에 평생 살아갈 게 아니라면, 훈수는 좀 적당히 듣자.

실패를 해 본 사람이 성공도 한다는 당연한 진리에 동의한다면, 이제 온실을 나서야 하지 않겠는가.

나와보면 알게 될 것이다.

당신은 관상용 화초가 아니라는 것을. 당신은 생생하게 살아 움직이는 생명력 그득한 인간이라는 걸.

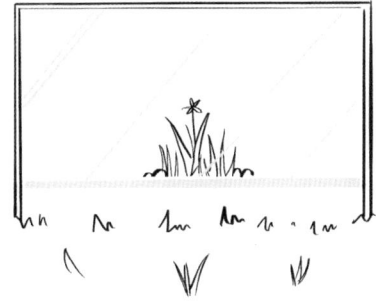

얼마 지나지 않아 알게 될 것이다

자유를 사는 습관

너의 별에 가고 싶어

삶에 정답은 없다

살아있는 시체

고통은 성숙의 학교

습관
사람 사이의 만남은
조심해야

너의 별에 가고 싶어

나는 한 인격체와 다른 인격체와의 만남을 '별들의 만남'이라고 부른다. '나라는 별'과 '너라는 별'의 만남. 조심스레 차분히 다가서면 서로 융합되는 생명의 아름다움을 발견할 좋은 기회이지만 섣불리 부딪히면 둘 다 소멸해 버릴 수도 있는 위험한 만남.

새 별과의 조우는 무엇보다 차분해야 한다. 아무리 잘 발사된 우주선이라도 착륙하지 못하면 무슨 소용인가. 처음 보는 생소한 별이라고 생각하면 저절로 조심하게 될 것이다.

눈을 크게 뜨고 새로운 별에 첫발을 내디딘다.

그렇게 나는 너의 별에, 너는 나의 별에 까치발 들고 조심스러이 귀한 발자국을 남기는 것. 그것이 인간 사이의 좋은 만남이다.

하지만 어떤 사람은 발자국이 아니라 도장을 찍으려 한다. 마치

"이 별은 이제 내꺼야!"

하는 것처럼 위조된 계약서를 가지고 와서 서로 동의라도 한 것 마냥 도장을 찍으려 한다. 그런 사람은 내 별에 착륙시켜서는 안 된다. 그는 우리 별의 질서를 어지럽혀 좋은 손님마저 불편하게 만들어 버린다. 모르고 착륙시켰다면 얼른 그를 내쫓아라! 별의 소유권을 빼앗길지도 모른다.

대학생 시절, 자취방 생활을 할 때의 일이다. 어느 날 지인이 갈 곳이 마땅치 않다는 이야기를 듣고 거

처를 마련할 때까지 내 방에서 함께 지내자고 제안했다. 내 별에 들어온 그는 처음에는 조심스럽게 행동했으나, 몇 주가 지나자 자신의 애인을 내 방으로 불러들이기 시작했다. 급기야 그는 내가 들어올 수 없게 방문을 잠가버렸다. 나는 내 집인데 들어갈 수가 없었다.

내가 들어갈 수 없다면, 그 집은 내 집인가? 네 집인가? 지나친 호의는 자칫 비수가 되어 날아든다.

그럴 땐 어떻게 하겠는가? 그에게 쫓겨 다닐 텐가? 아니면 그를 쫓을 텐가? 나는 그에게 당장 나가 달라 말하였고, 비로소 내 별을 되찾을 수 있었다.

우리 별이 서로 가까이 머물며 좀 더 따뜻했으면 좋겠다. 그러려면 서로 무례하지 않아야 하겠지. 우리 별이 함께 빛났으면 좋겠다.

나는 너의 별에, 너는
나의 별에 까치발 들고
조심스러이 귀한 발자국을
남기는 것.

우리 별이 함께 빛났으면 좋겠다

습관
삶에 대한 태도

삶에 정답은 없다

 수학을 좋아하는 사람에게 이유를 물으면, 대부분 '답이 있기 때문'이라고 답한다. 그렇다. 수학은 문제를 푸는 과정과 답이 정해져 있다. 과정이 틀리면 정답을 구할 수 없고 따라서 답이 틀렸다는 건 과정이 잘못되었음을 뜻한다.

 삶은 어떨까? 삶에는 정답이 없다. 어떤 이는 그래서 인생이 답답하게 느껴질지도 모르지만, 나에게는 그래서 삶이 신비롭게 다가온다. 답이 없어 불편한 게 아니라 자유롭게 느껴진다.

 삶에 정답이 있다고 생각하는 사람은 계속해서

답을 찾아 떠돈다. 그러다 뭔가 마음에 확 꽂히는 것이 있으면 '아! 이제 드디어 정답을 찾았다!'라고 기뻐하지만, 풀리지 않는 새로운 난제를 만나게 되면 좌절한다. 그는 속으로 말한다.

'그동안 어렵사리 헤매며 찾은 답이 정답이 아니라니… 내 인생은 왜 이리도 꼬인 걸까.'

나는 당신의 인생이 꼬인 게 아니라 그렇게 바라보는 당신의 시선이 꼬인 거라고 말하고 싶다. 원래 삶에는 정답이 없다. 정답이 있다면 인간들의 삶이 모두 비슷하지 않겠는가? 마치 수학 문제를 똑같은 과정에 따라 푸는 것처럼 말이다.

삶에는 정답이 아니라 지금 나에게 좀 더 어울리는 방식이 있을 뿐이다. 정답은 바뀌지 않지만, 방식은 언제든 바꿀 수 있다. 유연한 사고를 지니지 못하면 삶이 부자연스러울 수밖에 없다.

인생의 답을 찾으려는 사람은 답을 알고 있는 누군가를 원하게 되고 답을 알 것 같은 사람을 만나면 그에게 의지하게 된다. 나는 그것이 스스로 자유를 헌납하는 것이라고 생각한다.

물론 나보다 성숙한 사람에게 배우는 건 바람직하지만, 지나치게 의존하며 그에게서 내 삶의 정답을 찾으려는 건 독립적인 인격체로서의 삶을 포기하는 것이다.

아직도 정답을 찾아 헤매는가? 지금이라도 멈추길 권한다. 그러지 않으면 수학 학원에 다니는 학생이 틀린 문제를 복기하며 오답 노트를 쓰듯, 당신 삶의 어두운 면만 바라보게 될 것이다.

"삶은 수학이 아니라 철학이며, 답이 아니라 길을 찾는 여정이다."

삶은 수학이 아니라
철학이며, 답이 아니라
길을 찾는 여정이다.

삶에 정답은 없다

습관
생각의 습관

살아있는 시체

나는 지금까지 운동 관련 센터를 한 번도 가본 적이 없다. 헬스장, 요가, 필라테스 등 … 나와는 거리가 먼 곳이라고 생각했다. 그냥 어렸을 때부터 주야장천 농구만 했다. 그러다 발목과 무릎이 망가지고 지금은 그냥 산책만 한다.

얼마 전 마흔 살을 맞이하여(?) 종합건강검진을 했다. 얼마 후, 병원으로부터 검진결과를 들었다. 고혈압, 당뇨, 고지혈증 등이 치료 바로 직전까지 수치가 올라와 있다고 했다. 병원에서는 말했다. 술을 지금처럼 많이 먹으면 좋지 않다고 …

1-2년 정도 금주할 생각을 하고 대신 무엇을 하면

좋을지 생각했다. 그리고는 한 번도 가본 적이 없는 곳. 운동센터에 등록했다. 자세를 교정해 주는 곳이었는데, 원장님께서 내 몸 이곳저곳을 누르시고 꺾으시고 접어보시더니 이렇게 말씀하셨다.

"몸이 너덜너덜하시네요. 그리고 목이 왼쪽으로 돌아가 있는데 왜 그럴까요?"

곰곰이 생각해보았다. 왜 돌아가 있을까. 곧 원인을 찾았다. 나는 매일 미사를 집전하는 사제다. 미사는 제대에서 하는데, 제대 마이크가 왼쪽에 있었다. 그러니 나도 모르게 매일 한두 시간씩 고개를 왼쪽으로 돌린 것이다.

습관이란 게 참으로 무섭다. 의도하지 않았지만 매일 하는 동작으로 인해 내 목이 왼쪽으로 돌아가 있던 것이다. 우리 몸도 이럴진대 마음은 어떨까?
마음도 마찬가지다. 내가 자주 하는 생각이 마음의 기울기를 결정한다. '나는 무엇을 원하는가?'

당신은 이 질문에 뭐라고 답할 텐가. 그것이 무엇이든 진정 원한다면, 그것을 갈망하고 가능하면 지금 실천으로 옮겨야 한다. 그래야만 당신 마음이 그곳으로 기운다.

그냥 되는대로 산다면, 되는대로 생각하게 되고 원하는 게 뭔지도 모르는 좀비처럼 살게 될 것이다. 당신의 원하는 것이 '되는대로 사는 삶'이라면 그렇게 살아도 좋다.

하지만 그게 아니라면, 당신의 원하는 것을 생각하고 말하고 행동하라. 그렇지 않으면 목이 180도 돌아간 진짜 좀비가 될지도 모른다.

몸과 마음의 자세를 바로 하자. 내가 원하는 것을 중심에 두고 돌진하자.
단 한 번이라도 좋다.

좀비 말고 인간답게 살아보자.

당신의 원하는 것을
생각하고 말하고 행동하라.

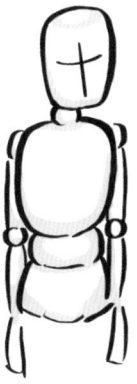

우리 몸도 이럴진대 마음은 어떨까

습관
피할 수 없는
고통은 버티는 것

고통은 성숙의 학교

고통을 즐기는 사람이 있을까? '싸이코패스'도 타인의 고통에 둔감한 거지, 자신의 고통은 즐기지 않는다. 인간으로 태어난 이상, 아니 동물들도 고통을 피하고 싶은 게 본능이다.

그런데 인간과 동물의 결정적인 차이가 있다. 인간은 고통을 통해 성숙하지만, 동물은 무력해진다.

고통 없이 성숙한 인간을 본적이 있는가? 나는 아직까지 본적이 없다. 태초부터 지금까지 그런 인간은 없었고, 앞으로도 없을 것이라 확신한다.

'피할 수 없으면 즐겨라.'는 말이 있지만, 그게 고통이라면 너무나도 잔인한 말이다. 나는 이렇게 말한다.

'피할 수 없다면 버텨라!'

고통 중에 그 의미를 알기란 대단히 어렵다. 하지만 분명히 말할 수 있다. 고통의 때를 잘 버텨내면 성숙해 있는 자신의 모습을 발견하게 될 것이다.

니체는 말했다.

"나를 죽이지 못하는 고통은 나를 더 강하게 만든다."

그래도 힘들다면, 맹자의 말이 위로가 될지 모르겠다. "하늘이 장차 그 사람에게 큰 사명을 주려 할 때는 반드시 먼저 그의 마음과 뜻을 흔들어 고통스럽게 하고, 그 육신을 피곤케 하며 굶주리게 하고 궁핍하게 한다. 그가 하려는 바를 힘들게 하고 어지럽게 하는 것은 마음을 쓰는 중에도 흔들리지 않을 참된 성품을 기르고, 불가능하다던 일도 능히 해낼 수 있도록 키우기 위함이다."

역경 없이 위인이 된 사람은 없다. 심지어 부처도 왕좌를 버리고 고통의 바다에 뛰어들었으며, 예수는 십자가를 지는 것도 모자라 그 위에 매달려 버렸다. 우리는 부처나 예수가 아니다. 하지만 그들도 인간이었고 우리도 같은 인간이다(신학적인 설명은 배제한다). 나도 당신도 고통을 버텨내기 충분한 능력을 갖춘 인간이라는 말이다.

우리는 고통으로 죽어가는 동물과 다르다. 당신과 나는 고통으로 성숙해질 것이고, 강해질 것이고, 훨씬 아름다워질 것이다.

'피할 수 없다면 버텨라! 고통은 성숙의 학교다.'

피할 수 없다면 버려라!
고통은 성숙의 학교다.

나도 당신도 고통을 버텨내기 충분한
능력을 갖춘 인간이라는 말이다

자유를 얻는
감사

우주를 담다

부끄러움이라는 축복

물과 똥물 사이

하늘 얼굴

감사
우리 존재는 서로에
기대어 있다

우주를 담다

 우리나라에서는 가톨릭의 사제가 되려면 누구나 최소 7년의 양성과정을 거쳐야 한다. 어떤 길이든 쉬운 게 없듯이, 사제가 되기 위한 신학생 생활도 많은 어려움이 있다.

 내게 찾아온 가장 큰 위기는 나의 인간적인 부족함 때문에 찾아왔다. 지금은 아니지만, 신학생 시절 그리던 사제상은 언제나 '완벽한 존재'였다. 뭐라고 말로 표현할 수 없지만 누가 봐도 딱 사제 같은 사람. 나는 그런 사제를 꿈꿨다. 아무리 생각해도 여러모로 부족한 내가 사제가 된다면 나에게도 교회에도 큰 불행이 될 것 같다는 생각이 들었다.
 나는 남들 앞에서 착한 척하지만 사실 화가 많다.

쿨한 척하지만 속은 핫하다. 부드러운 척하지만 머릿속은 거친 생각들이 활개 치고 다니며, 도덕적인 척하지만 남들이 보지 않을 땐 비도덕적이기도 하다.

내 기준에 나는 사제가 될 수 없는 인간이었다.

그러나 나는 지금 사제로 살고 있다. 어떻게 내가 사제가 되었을까? 지금 생각해도 참 미스터리지만 나의 노력으로 된 것이 아니란 건 확실하다.

아무리 생각해봐도 하느님의 부르심을 제외하고 내가 사제가 될 수 있었던 결정적인 이유는 많은 분의 기도와 응원 덕분이다. 그분들은 내 실수를 넘어가 주고 참아주고 견뎌주었다.

때로 과음을 하고 소리를 지르며 비틀비틀 길거리를 걸어도 교우분들은 내 흠을 감춰주려 모른 척 지나가 주셨다. 나의 부족함으로 어떤 일이 잘못되면 늘 격려해주셨다.

"다음부터 잘하면 되지요. 기죽지 마세요!"

어디 그뿐인가. 신학교 방학이 되어 성당에 오면 마치 군대 간 아들이 첫 휴가라도 나온 것처럼 반겨주셨다. 언제나 늘 감싸주시고 응원해주셨다.

부족해도 사제가 되라고.

사제는 신학생 때부터 마치 연예인처럼 많은 관심을 받는 위치에 있는 경우가 많다. 구설수에 오르면 금방 소문이 나고 신학생을 담당하는 신부님 귀에 들어가면 사제가 되고 싶어도 짐을 싸야 하는 일이 왕왕 발생한다. 만약 교우분들이 '도덕 경찰'처럼 내 행실을 문제 삼았다면 아마 사제가 되지 못했을 것이다.

누군가 날 위해 참아주고 노력해 준다는 건 참으로 놀라운 일이다. 이런 일이 나에게만 벌어졌을까? 아니다. 나는 그러한 일이 누구에게나 늘 벌어진다고 믿는다.

내가 인정하든 안 하든 나는 다른 사람의 도움 없이는 살아갈 수 없는 존재다. 내가 누리는 것의 대부분에는 누군가의 땀과 노력이 배어 있다.

그에 대한 대가를 지불했으면 된 거 아니냐고? 아니다. 그가 없었으면 그 물건도 없었다. 사람뿐만이 아니다. 자연이 내어주지 않으면 인간은 살아갈 수 없다.

내가 매일 먹는 쌀 한 톨도 자연의 내어줌과 누군가의 노동이 없었다면 내 입에 들어올 수 없다. 감도 잡히지 않는 먼 곳에서 쏴주는 태양 빛, 어디서 불어오는지 알 수 없는 바람과 때맞춰 내려주는 비, 여기에 인간이 미처 알지 못하는 자연의 여러 작용과 인간 노동의 콜라보.

작은 쌀 한 톨에도 우주가 담겨있다. 당신과 나는 우주의 도움을 받고 살아간다.

또 하나 주목해야 할 것은 나도 누군가에게 도움

을 주고 있다는 사실이다. 사제가 특별히 무엇을 하지 않아도 교우분들은 사제의 존재만으로 위로를 받는다고 말씀하신다. 내가 잘해서가 아니라 내 존재만으로 말이다. 사제여서 그런 걸까? 그렇지 않다. 당신 또한 존재 자체만으로, 단지 '있음'으로 인해 누군가에게 살아갈 힘과 위로를 주고 있다.

세상에 혼자 덩그러니 남아있다고 생각해보라. 그 외로움을 감당할 수 있겠는가. 당신의 있음으로 내가 있고, 당신과 내가 있음으로 우리가 있다. 그만큼 당신은 소중한 존재다.

온 우주가 당신을 응원한다. 온 우주가 당신을 위해 존재한다.

당신은 우주를 담고 있는 고유한 존재.

나를 있게 해준 당신에게 고맙다.

나를 있게 해준
당신에게 고맙다.

당신은 우주를 담고 있는 고유한 존재

감사
부정적인 감정도
긍정적으로 해석

부끄러움이라는 축복

'부끄러움'이란 어떤 감정일까? 일단 일부러 부끄럽고 싶은 사람은 없다. 남들 앞에서 창피를 당하고 싶은 사람이 어디 있겠는가? 여기서 말하고자 하는 부끄러움은 단지 남들 앞에서 느끼는 창피함이 아니다.

나는 부끄러움을 둘로 나눈다. '남에게서 오는 부끄러움'과 '나에게서 오는 부끄러움'이 그것이다.

나는 '조용필'이라는 독특한 이름 때문에 어렸을 때부터 여기저기서 노래를 불러야 했다. 초등학생 때 담임 선생님들은 수업을 하다가 지치면

"용필이 앞에 나와서 노래 한 곡 불러봐."

라고 하였고, 대학교수님도 강의 중에

"조용필 학생은 이번 학기 중에 노래 한 곡하면 학점 줄 때 플러스 점수 고려해볼게요."

라고 대놓고 말했으며, 군대에서는 … 뭐 말할 것도 없다. 하지만 남들 앞에서 노래한다는 게 어디 쉬운가. 모두가 내 입만 바라보고 있는 모습을 바라보고 있자니 저절로 손발이 오그라들었다.

이때 느껴지는 부끄러움이 바로 '남에게서 오는 부끄러움'이다. 나는 종종 혼자 코인 노래방을 가는데 거기서 노래를 부를 때에는 한 번도 부끄러운 적이 없었다. 듣는 사람이 없으니 뭐가 부끄럽겠는가. '남에게서 오는 부끄러움'은 지금 내 모습을 누군가 바라보고 있는 상황에서 발생한다.

반면, '나에게서 오는 부끄러움'은 타인의 존재 여부와 관계없이 느끼는 부끄러움을 말한다. 아무도 보지 않았지만, 누군가 보았다면 부끄러울 만한 잘못을 저질렀을 때가 그렇다. 예를 들어 공공장소를 어지럽히고 더럽혔다던가, 약자 앞에서 떵떵거리고 강자 앞에서 비굴하게 굴었던가, 방탕한 생활로 내 심신의 건강을 해친 경우 등이 바로 여기에 속한다. 누가 나의 행실을 보지 못했다 하더라도 스스로 부끄러움을 느낀다면 이것이 '나에게서 오는 부끄러움'이다.

'남에게서 오는 부끄러움'은 스스로 대처해야 한다. 어쩔 수 없다. 노래를 부르든지 말든지 당신의 선택이기에 그로 인한 감정도 당신의 것이다.

하지만 '나에게서 오는 부끄러움'은 다르다.

만약 당신이 '나에게서 오는 부끄러움'을 느낀다면

신께 감사하라. 그건 당신에게 아직 가망이 있다는 증거다. 그러한 부끄러움은 잘 받아들이고 어루만지면 인간다움으로 나아갈 수 있는 기회가 된다. 그러니 내면의 부끄러움을 마주할 수 있음에 감사하라. 당신의 부끄러움은 수치가 아니라 축복이다.

자유는 겸손과 손을 맞잡고 함께 갈 때 더욱 빛이 난다. 겸손의 도움을 받을 때 자유는 더욱 오래 지속된다. 나를 겸손하게 만드는 '부끄러움'은 그래서 더욱 소중하다.

"부끄러울 수 있어서 참 다행이다."

부끄러울 수 있어서 참 다행이다

감사
다양성은 축복

물과 똥물 사이

신학대학원 1학년 여름 방학. 나와 동기들은 한 달간 '농촌 봉사 활동'을 떠났다. 열 명의 신학생들이 오전에는 마늘과 고추를 따고, 들깨를 정리하는 등 그곳 어르신들이 필요로 하는 일을 하고, 오후부터는 각자 하고 싶은 걸 하거나 공동의 활동을 함께했다.

문제는 내부 공간이 분리되지 않은 '한 곳'이었다는 것이다. 열 명이나 되는 남자들이 군대 내무반도 아니고 한 곳에서 생활하려니 불편함이 없지 않았다. 솔직히 말하면 나는 정말로 불편했다. 진짜로 집에 가고 싶었다.

우리 동기들은 각자 개성이 뚜렷하다. 따라서 생활방식도 차이가 심했다. 특히 나는 동기들보다 신학교를 늦게 가서 나이가 열 살이나 많았기에 여러 모로 어려움을 겪었다(물론 동기들도 나 때문에 힘들었을 것이다.)

나는 좀 일찍 잠자리에 들어 쉬고 싶은데 20대였던 동기들은 늦게까지 투덕거리며 대화하고 놀았다. 정리를 좀 하면서 살면 좋겠는데, 내 맘에 들도록 정리하는 동기는 거의 없었다. 말 그대로 하나부터 열까지 맘에 들지 않았다.

그렇게 꾸역꾸역 한 달이 지났다. 마지막 날 우리는 한 데 모였고 그 자리에서 지도 신부님께서는 이렇게 말씀하셨다.

"한 달 동안 여러분이 함께 지내며 느낀 점을 돌아가면서 말해 봐요."

신부님께서는 막내부터 말해보라 하셨고, 나는 첫째였기에 마지막 차례였다. 나는 내 차례가 오기만을 기다리며 속으로 이렇게 생각했다. '그동안 동기들 때문에 힘들고 불편했던 것들 다 얘기해야지! 아휴 … 내가 형이니까 참았지. 하여튼 내 차례 되기만 해봐!'

드디어 내 차례가 되었고 생각한 것을 말하려는 찰나, 내 입에서 벼르고 있던 말이 아닌 다른 말이 나왔다. 지금 생각해도 기적이라고 밖에 생각할 수 없는 말. 나는 이렇게 말했다.

"저는 우리 동기들이 모두 다른 색깔을 가지고 있어 참 좋았습니다. 한 달이라는 짧지 않은 시간을 나와 비슷한 사람들과 지냈다면 얼마나 지루했을까요? 우리가 서로 달라서 모자란 부분을 채워줄 수 있었고, 함께 해나갈 수 있었다고 생각합니다. 제가 잘 지낼 수 있게 도와준 동기들에게 감사합니다."

나는 왜 이런 말을 했을까? 그런데 뱉고 보니 맞는 말이었다. 아마 신께서 나를 가르치기 위해 내 입을 통해 말씀하신 게 아닐까.

세상 사람들이 모두 나와 같다면 어떨까? 그만한 불행은 없다. 똑같은 것만 하려 하고 하기 싫은 건 아무도 안 할 테니 세상의 균형이 맞을 리 없다. 얼마 지나지 않아 세상은 멈출 것이다.

우리 몸도 각 지체마다 고유한 역할이 있다. 만약 손과 발이 서로 맘에 들지 않는다며 다투고 서로 잘라버리려 한다면? 손이 없거나 발이 없는 인간이 되겠지. 만약 손과 발이 자기 역할을 버리고 서로가 되려 한다면? 발 없이 손이 4개이거나 손 없이 발이 4개인 인간이 되겠지.

모두 나와 같다면 그건 흐르지 않은 고인 물과 같다. 물은 고이면 썩는다. 흘려야 물이지 멈추면 똥물이 아니겠는가.

어떤 공동체가 회의를 한다고 가정해보자. 나는 회의석상에서 다시 안 볼 것처럼 피 터지게 싸우더라도 나와 다른 사람이 있는 게 훨씬 낫다고 본다. 그래야 각종 위기에 적절하게 대응할 수 있고 여러 아이디어가 뭉쳐서 새로운 길을 열어나갈 수 있다.

갈등을 빚더라도 서로 다른 사람들이 각자 의견을 자유롭게 개진하고 조율하는 것. 그게 살아있는 조직이고 미래가 있는 희망적인 공동체다.

서로 다름에 감사하자. 나와 다른 그는 나를 위해 꼭 필요하다.

'자유는 서로의 다름을 인정하고 배려할 때 더욱 풍성해진다.'

자유는 서로의 다름을
인정하고 배려할 때
더욱 풍성해진다.

나와 다른 그는 나를 위해 꼭 필요하다

감사
웃음의 힘,
긍정적 사고

하늘 얼굴

　우울증은 어느 날 예고 없이 찾아왔다. 처음엔 며칠 그러다 말겠거니 생각했는데, 한 번 자리 잡은 이 우울한 녀석은 반년 넘게 내 마음속 보이지도 않는 구석에 처박혀 나올 생각을 하지 않았다. 무게는 또 얼마나 무거운지 계속해서 내 몸을 끌어당겨 햇빛도 들지 않는 작은 방안에 육신마저 가두어 버렸다.

　나는 처음 느껴보는 감정 앞에 무력하게 무너졌다. 아무것도 하기 싫었고 또 할 수 없었다. 시간이 어떻게 흐르는지, 날씨가 어떤지도 모르고 지내는 날이 점점 많아졌다.

그동안 나는 스스로 긍정적이고 잘 웃는 사람이라 여겼다. 그건 나뿐만 아니라 나를 아는 주변인들도 동의하는 부분이다. 그동안 우울증은 정신력이 약한 사람이나 걸리는 나약한 인간의 병이라 생각했다. 그런데 아니었다. 우울증이란 녀석은 나처럼 잘 웃고 활발한 사람도 얼마든지 주저앉힐 수 있는 강력한 놈이었다.

우울하던 시절 나는 그렇게 좋아하던 산책도 하지 않고 말 그대로 방구석에 틀어박혀 있었다.

그렇게 반년이 지났을까. 이러다 죽을까 싶어 억지로 나선 산책길. 횡단보도를 건너기 위해 신호를 기다리던 중, 우연히 중학생 정도 되어 보이는 한 무리의 학생을 보게 되었다. 학생들은 뭐가 그리 좋은지 큰 소리를 내며 웃고 있었다.

나의 눈길이 문득 한 학생을 향했는데, 그 순간 정말 오랜만에 따뜻한 온기를 느꼈다. 큰일이 있었던 것도 아니다. 그 학생은 그저 깔깔대며 웃고 있었다. 나와 아는 사이도 아니고, 나를 향해 웃는 것도 아니었다. 그런데 그 미소를 바라보고 있자니 괜히 마음이 따뜻해졌다.

한기 가득한 냉방에 누군가 불을 때 준 느낌이랄까.

그러고 보니 아주 오랫동안 웃음을 잃어버린 채 살았다. 사람을 만나지 않으니 누군가의 웃는 얼굴도 웃음소리도 보거나 듣지 못했다. 우울이라는 깊은 우물 한가운데서 허우적거리고 있었을 뿐.

웃는 얼굴은 누구나 아름답다. 아무리 예쁘게 치장해도 웃지 않는 얼굴은 차가워 보이지만, 민낯이어도 웃는 얼굴은 아름답다.

미소는 신이 인간의 얼굴에 새긴 당신의 흔적이다. 아무리 좋은 예술품도 자주 보면 질리지만, 미소는 질리지 않는 신의 흔적이다. 오랜만에 그것을 마주하니 그 순간만큼은 다시 예전의 밝고 긍정적인 나로 돌아간 듯한 기분이 들었다.

꽃은 길에만 피는 게 아닌가 보다. 얼굴에도 꽃이 핀다. 그 어떤 꽃보다 훨씬 더 싱그럽고 아름다운 꽃 '미소'.

그 꽃이 나와 당신의 마음에도 피었으면.

계절 없는 마음에 봄이라 해주었으면.

계절 없는 마음에 봄이라 해주었으면

그림. 무뭄뭉

에필로그

내가 만약 그대의 사람이 될 수 있다면
나는 그대의 두 눈이 되어
그대처럼 아름다운 모든 곳을 담아볼 것입니다.

내가 만약 그대의 사람이 될 수 있다면
나는 그대의 두 귀가 되어
가시돋힌 말들은 내 몸을 감싸, 듣지 못하도록 할 것입니다.

내가 만약 그대의 사람이 될 수 있다면
나는 그대가 어떠한 상처도 받지 않도록 하고 싶습니다.

그대는 너무 소중한, 나에게 너무 소중한 사람.

글. 필신부

에필로그

한 번도 생각해보지 않았던 글을 쓰는 작업, 생각을 정리하여 책으로 낸다는 건 생각보다 부끄러운 과정이다.

그럼에도 스스로 만족스럽다. 예쁘고 소중한 나를 이러한 방식으로 사랑해 줄 수 있음에 기쁘다. 누군가에게 조금이라도 삶의 환기가 될 수도 있다는 생각에 설렌다.

고해소에서 느낀 신자분들에 대한 안타까움에서 시작한 글이 쓰고 보니 내 삶을 돌아보고 정리할 수 있는 은총의 시간이었다.

삶이 영화라면 우리에겐 각자의 시나리오, 배우와 스텝, 촬영 시간과 공간이 있다. 그리고 관객도 있다.

당신의 삶이 어떤 영화였으면 좋겠는가? 관객들의 구미에 맞춘 상업영화였으면 하는가. 아니면 다른 사람들이 잘 이해하지 못해도 내가 괜찮으면 좋은 예술영화, 독립영화였으면 싶은가.

장르는 어떠면 좋겠나. 코믹? 멜로? 액션? 드라마? 호러? 스릴러?

나는 내 삶이 상업성과 예술성을 갖춘 독립영화이길 바란다. '코믹-멜로-액션-드라마-호러-스릴러'를 모두 혼합한 장르였으면 싶다. 생기있고 신나고 웃기다가도 진지하고 궁금하고 신비로운 인생이면 좋겠다.

그러기 위해 나는 적극적으로 나를 사랑한다.

있는 그대로 괜찮은 나를 격하게 아끼고 응원한다.

당신도 그랬으면 좋겠다.

한 번뿐인 인생 쫄지 말고! 당당하게! 주체적으로! 살아가길 마음을 다해 응원하고 기도한다.

당신을 기죽이고 움츠리게 만드는 그 어떤 시도에도 굴복하지 마라! 당신 말고 당신 삶을 대신 살아줄 수 있는 사람은 아무도 없다. 당신 삶의 주연은 당신일 수밖에 없다.

오늘도 난 '그대로 괜찮은 너'에게
"그래도 괜찮다"고 계속 말할 것이다.

Nihil Obstat :
Rev. Raphael Jung
Censor Librorum
Imprimatur:
Most Rev. John Baptist Jung Shin-chul, S.T.D., D.D.
Episcopus Dioecesanus Incheonensis
2022.11.3.

그대로 괜찮은 너에게

교회인가 2022년 11월 3일

1판 1쇄 발행 2022년 11월 25일

지은이 | 필신부

펴낸곳 | 인디콤
등록 | 제 2004-000320호
주소 | 서울시 마포구 양화로 157, 파라다이스텔 3층
문의 | 02-3141-9706
팩스 | 02-3141-9702
메일 | indecom@hanmail.net

값 12,000원

- 이 책의 저작권은 저자에게 있으므로 무단 전재 및 복제를 금합니다.
- 잘못 인쇄된 책은 바꾸어 드립니다.